TRANZLATY

La Langue est pour tout le Monde

Язык для всех

La Belle et la Bête

Красавица и чудовище

Gabrielle-Suzanne Barbot de Villeneuve

Français / Русский

Copyright © 2025 Tranzlaty
All rights reserved
Published by Tranzlaty
ISBN: 978-1-80572-059-1
Original text by Gabrielle-Suzanne Barbot de Villeneuve
La Belle et la Bête
First published in French in 1740
Taken from The Blue Fairy Book (Andrew Lang)
Illustration by Walter Crane
www.tranzlaty.com

Il était une fois un riche marchand
Жил-был богатый купец
ce riche marchand avait six enfants
у этого богатого купца было шестеро детей
il avait trois fils et trois filles
у него было три сына и три дочери
il n'a épargné aucun coût pour leur éducation
он не жалел денег на их образование
parce qu'il était un homme sensé
потому что он был человеком здравого смысла
mais il a donné à ses enfants de nombreux serviteurs
но он дал своим детям много слуг
ses filles étaient extrêmement jolies
его дочери были чрезвычайно хорошенькие
et sa plus jeune fille était particulièrement jolie
и его младшая дочь была особенно хороша
Déjà enfant, sa beauté était admirée
еще в детстве ее красотой восхищались
et les gens l'appelaient à cause de sa beauté
и люди называли ее по ее красоте
sa beauté ne s'est pas estompée avec l'âge
ее красота не увяла с возрастом
alors les gens ont continué à l'appeler par sa beauté
поэтому люди продолжали называть ее по ее красоте
cela a rendu ses sœurs très jalouses
это заставило ее сестер очень завидовать
les deux filles aînées avaient beaucoup de fierté
две старшие дочери очень гордились
leur richesse était la source de leur fierté
их богатство было источником их гордости
et ils n'ont pas caché leur fierté non plus
и они не скрывали своей гордости
ils n'ont pas rendu visite aux filles d'autres marchands
они не навещали дочерей других купцов
parce qu'ils ne rencontrent que l'aristocratie
потому что они встречаются только с аристократией

ils sortaient tous les jours pour faire la fête
они каждый день ходили на вечеринки
bals, pièces de théâtre, concerts, etc.
балы, спектакли, концерты и т. д.
et ils se moquèrent de leur plus jeune sœur
и они смеялись над своей младшей сестрой
parce qu'elle passait la plupart de son temps à lire
потому что большую часть времени она проводила за чтением
il était bien connu qu'ils étaient riches
было хорошо известно, что они были богаты
alors plusieurs marchands éminents ont demandé leur main
поэтому несколько именитых купцов просили их руки
mais ils ont dit qu'ils n'allaient pas se marier
но они сказали, что не собираются жениться
mais ils étaient prêts à faire quelques exceptions
но они были готовы сделать некоторые исключения
« Peut-être que je pourrais épouser un duc »
«возможно, я могла бы выйти замуж за герцога»
« Je suppose que je pourrais épouser un comte »
«Думаю, я могла бы выйти замуж за графа»
Belle a remercié très civilement ceux qui lui ont proposé
красавица очень вежливо поблагодарила тех, кто сделал ей предложение
elle leur a dit qu'elle était encore trop jeune pour se marier
она сказала им, что она еще слишком молода, чтобы выходить замуж
elle voulait rester quelques années de plus avec son père
она хотела остаться еще на несколько лет со своим отцом
Tout d'un coup, le marchand a perdu sa fortune
Вдруг купец потерял свое состояние.
il a tout perdu sauf une petite maison de campagne
он потерял все, кроме небольшого загородного дома
et il dit à ses enfants, les larmes aux yeux :
и он сказал своим детям со слезами на глазах:
« il faut aller à la campagne »

«мы должны поехать в деревню»
« et nous devons travailler pour gagner notre vie »
«и мы должны работать, чтобы жить»
les deux filles aînées ne voulaient pas quitter la ville
две старшие дочери не хотели покидать город
ils avaient plusieurs amants dans la ville
у них было несколько любовников в городе
et ils étaient sûrs que l'un de leurs amants les épouserait
и они были уверены, что кто-то из их возлюбленных женится на них
ils pensaient que leurs amants les épouseraient même sans fortune
они думали, что их возлюбленные женятся на них даже без всякого состояния
mais les bonnes dames se sont trompées
но добрые дамы ошиблись
leurs amants les ont abandonnés très vite
их возлюбленные очень быстро их бросили
parce qu'ils n'avaient plus de fortune
потому что у них больше не было состояний
cela a montré qu'ils n'étaient pas vraiment appréciés
это показало, что на самом деле их не очень любили
tout le monde a dit qu'ils ne méritaient pas d'être plaints
все говорили, что они не заслуживают жалости
« **Nous sommes heureux de voir leur fierté humiliée** »
«мы рады видеть, что их гордость усмирена»
« **Qu'ils soient fiers de traire les vaches** »
«пусть гордятся тем, что доят коров»
mais ils étaient préoccupés par Belle
но они заботились о красоте
elle était une créature si douce
она была таким милым созданием
elle parlait si gentiment aux pauvres
она так любезно говорила с бедными людьми
et elle était d'une nature si innocente
и она была такой невинной натуры

Plusieurs messieurs l'auraient épousée
Несколько джентльменов хотели бы жениться на ней
ils l'auraient épousée même si elle était pauvre
они бы женились на ней, даже если бы она была бедна
mais elle leur a dit qu'elle ne pouvait pas les épouser
но она сказала им, что не может выйти за них замуж
parce qu'elle ne voulait pas quitter son père
потому что она не хотела оставлять своего отца
elle était déterminée à l'accompagner à la campagne
она была полна решимости поехать с ним в деревню
afin qu'elle puisse le réconforter et l'aider
чтобы она могла утешить и помочь ему
pauvre Belle était très affligée au début
Бедная красавица сначала очень горевала.
elle était attristée par la perte de sa fortune
она была опечален потерей своего состояния
"Mais pleurer ne changera pas mon destin"
«но плач не изменит мою судьбу»
« Je dois essayer de me rendre heureux sans richesse »
«Я должен попытаться сделать себя счастливым без богатства»
ils sont venus dans leur maison de campagne
они приехали в свой загородный дом
et le marchand et ses trois fils s'appliquèrent à l'agriculture
а купец и его три сына занялись земледелием
Belle s'est levée à quatre heures du matin
красавица встала в четыре утра
et elle s'est dépêchée de nettoyer la maison
и она поспешила убрать дом
et elle s'est assurée que le dîner était prêt
и она позаботилась о том, чтобы ужин был готов
au début, elle a trouvé sa nouvelle vie très difficile
Вначале ей было очень трудно жить новой жизнью.
parce qu'elle n'était pas habituée à un tel travail
потому что она не привыкла к такой работе
mais en moins de deux mois elle est devenue plus forte

но менее чем за два месяца она окрепла
et elle était en meilleure santé que jamais auparavant
и она была здоровее, чем когда-либо прежде
après avoir fait son travail, elle a lu
после того, как она сделала свою работу, она прочитала
elle jouait du clavecin
она играла на клавесине
ou elle chantait en filant de la soie
или она пела, пока пряла шелк
au contraire, ses deux sœurs ne savaient pas comment passer leur temps
напротив, ее две сестры не знали, как провести свое время
ils se sont levés à dix heures et n'ont rien fait d'autre que paresser toute la journée
они вставали в десять и ничего не делали, только бездельничали весь день
ils ont déploré la perte de leurs beaux vêtements
они оплакивали потерю своей прекрасной одежды
et ils se sont plaints d'avoir perdu leurs connaissances
и они жаловались на потерю своих знакомых
« Regardez notre plus jeune sœur », se dirent-ils.
«Посмотрите на нашу младшую сестру», — сказали они друг другу.
"Quelle pauvre et stupide créature elle est"
«какое же она бедное и глупое существо»
"C'est mesquin de se contenter de si peu"
«Подло довольствоваться малым»
le gentil marchand était d'un avis tout à fait différent
добрый торговец был совсем другого мнения
il savait très bien que Belle éclipsait ses sœurs
он прекрасно знал, что красота затмевает ее сестер
elle les a surpassés en caractère ainsi qu'en esprit
она превзошла их как по характеру, так и по уму
il admirait son humilité et son travail acharné
он восхищался ее скромностью и трудолюбием
mais il admirait surtout sa patience

но больше всего он восхищался ее терпением
ses sœurs lui ont laissé tout le travail à faire
ее сестры оставили ей всю работу
et ils l'insultaient à chaque instant
и они оскорбляли ее каждую минуту
La famille vivait ainsi depuis environ un an.
Семья жила так около года.

puis le commerçant a reçu une lettre d'un comptable
затем торговец получил письмо от бухгалтера
il avait un investissement dans un navire
у него были инвестиции в корабль
et le navire était arrivé sain et sauf
и корабль благополучно прибыл
Cette nouvelle a fait tourner les têtes des deux filles aînées
эта новость вскружила голову двум старшим дочерям
ils ont immédiatement eu l'espoir de revenir en ville
у них сразу же появилась надежда вернуться в город
parce qu'ils étaient assez fatigués de la vie à la campagne
потому что они были довольно утомлены сельской жизнью
ils sont allés vers leur père alors qu'il partait
они пошли к отцу, когда он уходил
ils l'ont supplié de leur acheter de nouveaux vêtements
они умоляли его купить им новую одежду
des robes, des rubans et toutes sortes de petites choses
платья, ленты и всякие мелочи
mais Belle n'a rien demandé
но красота ничего не просила
parce qu'elle pensait que l'argent ne serait pas suffisant
потому что она думала, что денег будет недостаточно
il n'y aurait pas assez pour acheter tout ce que ses sœurs voulaient
не хватило бы денег, чтобы купить все, что хотели ее сестры
"Que veux-tu, ma belle ?" demanda son père
«Чего бы ты хотела, красавица?» — спросил ее отец.

« Merci, père, pour la bonté de penser à moi », dit-elle
«Спасибо, отец, за доброту, что ты думаешь обо мне», — сказала она.
« Père, ayez la gentillesse de m'apporter une rose »
«Отец, будь так добр, принеси мне розу»
"parce qu'aucune rose ne pousse ici dans le jardin"
«потому что здесь в саду не растут розы»
"et les roses sont une sorte de rareté"
"а розы - это своего рода редкость"
Belle ne se souciait pas vraiment des roses
красавица не очень любила розы
elle a juste demandé quelque chose pour ne pas condamner ses sœurs
она только просила о чем-то, чтобы не осуждать своих сестер
mais ses sœurs pensaient qu'elle avait demandé des roses pour d'autres raisons
но ее сестры думали, что она просила розы по другим причинам
"Elle l'a fait juste pour avoir l'air particulière"
«Она сделала это просто чтобы выглядеть особенной»
L'homme gentil est parti en voyage
Добрый человек отправился в путешествие
mais quand il est arrivé, ils se sont disputés à propos de la marchandise
но когда он приехал, они спорили о товаре
et après beaucoup d'ennuis, il est revenu aussi pauvre qu'avant
и после многих хлопот он вернулся таким же бедным, как и прежде
il était à quelques heures de sa propre maison
он был в паре часов езды от своего дома
et il imaginait déjà la joie de revoir ses enfants
и он уже представлял себе радость увидеть своих детей
mais en traversant la forêt, il s'est perdu
но когда он шел через лес, он заблудился

il a plu et neigé terriblement
шел ужасный дождь и снег
le vent était si fort qu'il l'a fait tomber de son cheval
ветер был настолько сильным, что сбросил его с лошади
et la nuit arrivait rapidement
и ночь быстро приближалась
il a commencé à penser qu'il pourrait mourir de faim
он начал думать, что может умереть с голоду
et il pensait qu'il pourrait mourir de froid
и он подумал, что может замерзнуть насмерть
et il pensait que les loups pourraient le manger
и он думал, что волки могут съесть его
les loups qu'il entendait hurler tout autour de lui
волки, которых он слышал воющими вокруг него
mais tout à coup il a vu une lumière
но вдруг он увидел свет
il a vu la lumière au loin à travers les arbres
он увидел свет вдалеке сквозь деревья
quand il s'est approché, il a vu que la lumière était un palais
Когда он приблизился, он увидел, что свет был дворцом.
le palais était illuminé de haut en bas
дворец был освещен сверху донизу
le marchand a remercié Dieu pour sa chance
купец поблагодарил Бога за свою удачу
et il se précipita vers le palais
и он поспешил во дворец
mais il fut surpris de ne voir personne dans le palais
но он был удивлен, не увидев никого во дворце
la cour était complètement vide
двор был совершенно пуст
et il n'y avait aucun signe de vie nulle part
и нигде не было никаких признаков жизни
son cheval le suivit dans le palais
его лошадь последовала за ним во дворец
et puis son cheval a trouvé une grande écurie
и затем его лошадь нашла большую конюшню

le pauvre animal était presque affamé
бедное животное почти умерло от голода
alors son cheval est allé chercher du foin et de l'avoine
поэтому его лошадь пошла искать сено и овес
Heureusement, il a trouvé beaucoup à manger
к счастью, он нашел много еды
et le marchand attacha son cheval à la mangeoire
а купец привязал коня к яслям
En marchant vers la maison, il n'a vu personne
идя к дому он никого не увидел
mais dans une grande salle il trouva un bon feu
но в большом зале он нашел хороший огонь
et il a trouvé une table dressée pour une personne
и он нашел стол, накрытый для одного
il était mouillé par la pluie et la neige
он был мокрый от дождя и снега
alors il s'est approché du feu pour se sécher
поэтому он подошел к огню, чтобы вытереться.
« J'espère que le maître de maison m'excusera »
«Надеюсь, хозяин дома меня извинит».
« Je suppose qu'il ne faudra pas longtemps pour que quelqu'un apparaisse »
«Я полагаю, что не пройдет много времени, как кто-то появится».
Il a attendu un temps considérable
Он ждал довольно долго
il a attendu jusqu'à ce que onze heures sonnent, et toujours personne n'est venu
он ждал, пока не пробило одиннадцать, но никто так и не пришел
enfin, il avait tellement faim qu'il ne pouvait plus attendre
наконец он был так голоден, что не мог больше ждать
il a pris du poulet et l'a mangé en deux bouchées
он взял немного курицы и съел ее в два приема
il tremblait en mangeant la nourriture
он дрожал, пока ел еду

après cela, il a bu quelques verres de vin
после этого он выпил несколько бокалов вина
devenant plus courageux, il sortit du hall
становясь все смелее, он вышел из зала
et il traversa plusieurs grandes salles
и он прошел через несколько больших залов
il a traversé le palais jusqu'à ce qu'il arrive dans une chambre
он прошел через дворец, пока не пришел в комнату
une chambre qui contenait un très bon lit
комната, в которой была очень хорошая кровать
il était très fatigué par son épreuve
он был очень измотан после пережитого испытания
et il était déjà minuit passé
и время было уже за полночь
alors il a décidé qu'il était préférable de fermer la porte
поэтому он решил, что лучше закрыть дверь
et il a conclu qu'il devrait aller se coucher
и он пришел к выводу, что ему следует пойти спать
Il était dix heures du matin lorsque le marchand s'est réveillé
Было десять утра, когда торговец проснулся.
au moment où il allait se lever, il vit quelque chose
как раз когда он собирался встать, он увидел что-то
il a été étonné de voir un ensemble de vêtements propres
он был поражен, увидев чистый комплект одежды
à l'endroit où il avait laissé ses vêtements sales
в том месте, где он оставил свою грязную одежду
"ce palais appartient certainement à une sorte de fée"
«Этот дворец, несомненно, принадлежит какой-то фее»
" une fée qui m'a vu et qui a eu pitié de moi"
« фея , которая увидела меня и пожалела»
il a regardé à travers une fenêtre
он посмотрел в окно
mais au lieu de neige, il vit le jardin le plus charmant
но вместо снега он увидел прекраснейший сад

et dans le jardin il y avait les plus belles roses
и в саду были самые красивые розы
il est ensuite retourné dans la grande salle
Затем он вернулся в большой зал
la salle où il avait mangé de la soupe la veille
зал, где он ел суп накануне вечером
et il a trouvé du chocolat sur une petite table
и он нашел немного шоколада на маленьком столике
« Merci, bonne Madame la Fée », dit-il à voix haute.
«Спасибо, добрая госпожа фея», — сказал он вслух.
"Merci d'être si attentionné"
«Спасибо за вашу заботу»
« Je vous suis extrêmement reconnaissant pour toutes vos faveurs »
«Я чрезвычайно признателен вам за все ваши одолжения»
l'homme gentil a bu son chocolat
добрый человек выпил свой шоколад
et puis il est allé chercher son cheval
а затем он пошел искать свою лошадь
mais dans le jardin il se souvint de la demande de Belle
но в саду он вспомнил просьбу красавицы
et il coupa une branche de roses
и он срезал ветку роз
immédiatement il entendit un grand bruit
тотчас он услышал сильный шум
et il vit une bête terriblement effrayante
и он увидел ужасно страшного зверя
il était tellement effrayé qu'il était sur le point de s'évanouir
он был так напуган, что был готов упасть в обморок
« Tu es bien ingrat », lui dit la bête.
«Ты очень неблагодарен», — сказал ему зверь.
et la bête parla d'une voix terrible
и зверь заговорил страшным голосом
« Je t'ai sauvé la vie en te laissant entrer dans mon château »
«Я спас тебе жизнь, впустив тебя в свой замок»
"et pour ça tu me voles mes roses en retour ?"

«И за это ты крадешь мои розы?»
« Les roses que j'apprécie plus que tout »
«Розы, которые я ценю больше всего на свете»
"mais tu mourras pour ce que tu as fait"
«но ты умрешь за то, что ты сделал»
« Je ne vous donne qu'un quart d'heure pour vous préparer »
«Я даю вам всего четверть часа, чтобы подготовиться».
« Préparez-vous à la mort et dites vos prières »
«приготовьтесь к смерти и помолитесь»
le marchand tomba à genoux
купец упал на колени
et il leva ses deux mains
и он поднял обе руки свои
« Monseigneur, je vous supplie de me pardonner »
«Мой господин, умоляю вас простить меня».
« Je n'avais aucune intention de t'offenser »
«Я не имел намерения вас обидеть»
« J'ai cueilli une rose pour une de mes filles »
«Я сорвал розу для одной из моих дочерей»
"elle m'a demandé de lui apporter une rose"
«она попросила меня принести ей розу»
« Je ne suis pas ton seigneur, mais je suis une bête »,
répondit le monstre
«Я не твой господин, но я зверь», — ответило чудовище.
« Je n'aime pas les compliments »
«Я не люблю комплименты»
« J'aime les gens qui parlent comme ils pensent »
«Мне нравятся люди, которые говорят то, что думают»
« N'imaginez pas que je puisse être ému par la flatterie »
«не думай, что меня можно тронуть лестью»
« Mais tu dis que tu as des filles »
«Но вы говорите, что у вас есть дочери»
"Je te pardonnerai à une condition"
«Я прощу тебя при одном условии»
« L'une de vos filles doit venir volontairement à mon palais »

«Одна из твоих дочерей должна добровольно приехать в мой дворец»
"et elle doit souffrir pour toi"
"и она должна страдать за тебя"
« Donne-moi ta parole »
«Дай мне слово»
"et ensuite tu pourras vaquer à tes occupations"
«а потом можешь заняться своими делами»
« Promets-moi ceci : »
«Пообещай мне это:»
"Si votre fille refuse de mourir pour vous, vous devez revenir dans les trois mois"
«Если твоя дочь откажется умереть за тебя, ты должен вернуться в течение трех месяцев»
le marchand n'avait aucune intention de sacrifier ses filles
купец не собирался приносить в жертву своих дочерей
mais, comme on lui en donnait le temps, il voulait revoir ses filles une fois de plus
но, поскольку ему дали время, он захотел увидеть своих дочерей еще раз
alors il a promis qu'il reviendrait
поэтому он пообещал, что вернется
et la bête lui dit qu'il pouvait partir quand il le voudrait
и зверь сказал ему, что он может отправиться в путь, когда пожелает.
et la bête lui dit encore une chose
и зверь сказал ему еще одну вещь
« Tu ne partiras pas les mains vides »
«Вы не уйдете с пустыми руками»
« retourne dans la pièce où tu étais allongé »
"возвращайся в комнату, где ты лежал"
« vous verrez un grand coffre au trésor vide »
«Вы увидите большой пустой сундук с сокровищами»
« Remplissez le coffre aux trésors avec ce que vous préférez »
«Наполните сундук сокровищ тем, что вам больше всего

нравится»
"et j'enverrai le coffre au trésor chez toi"
«И я отправлю сундук с сокровищами к тебе домой»
et en même temps la bête s'est retirée
и в то же время зверь отступил
« Eh bien, » se dit le bon homme
«Ну что ж», — сказал себе добрый человек.
« Si je dois mourir, je laisserai au moins quelque chose à mes enfants »
«Если мне суждено умереть, я, по крайней мере, оставлю что-то своим детям»
alors il retourna dans la chambre à coucher
поэтому он вернулся в спальню
et il a trouvé une grande quantité de pièces d'or
и он нашел великое множество золотых монет
il a rempli le coffre au trésor que la bête avait mentionné
он наполнил сундук с сокровищами, о котором говорил зверь
et il sortit son cheval de l'écurie
и он вывел свою лошадь из конюшни
la joie qu'il ressentait en entrant dans le palais était désormais égale à la douleur qu'il ressentait en le quittant
Радость, которую он испытал, войдя во дворец, теперь была равна печали, которую он испытывал, покидая его.
le cheval a pris un des chemins de la forêt
лошадь пошла по одной из лесных дорог
et quelques heures plus tard, le bon homme était à la maison
и через несколько часов добрый человек был дома
ses enfants sont venus à lui
его дети пришли к нему
mais au lieu de recevoir leurs étreintes avec plaisir, il les regardait
но вместо того, чтобы с удовольствием принять их объятия, он посмотрел на них
il brandit la branche qu'il tenait dans ses mains
он поднял ветку, которую держал в руках

et puis il a fondu en larmes
а потом он разрыдался
« Belle », dit-il, « s'il te plaît, prends ces roses »
«Красавица», сказал он, «пожалуйста, возьми эти розы».
"Vous ne pouvez pas savoir à quel point ces roses ont été chères"
«Вы не можете знать, насколько дорогими были эти розы»
"Ces roses ont coûté la vie à ton père"
«Эти розы стоили жизни твоему отцу»
et puis il raconta sa fatale aventure
и затем он рассказал о своем роковом приключении
immédiatement les deux sœurs aînées crièrent
тут же две старшие сестры закричали
et ils ont dit beaucoup de choses méchantes à leur belle sœur
и они сказали много гадостей своей прекрасной сестре
mais Belle n'a pas pleuré du tout
но красавица совсем не плакала
« Regardez l'orgueil de ce petit misérable », dirent-ils.
«Посмотрите на гордость этого маленького негодяя», — сказали они.
"elle n'a pas demandé de beaux vêtements"
«она не просила красивую одежду»
"Elle aurait dû faire ce que nous avons fait"
«Она должна была сделать то, что сделали мы»
"elle voulait se distinguer"
«она хотела отличиться»
"alors maintenant elle sera la mort de notre père"
«Теперь она станет причиной смерти нашего отца»
"et pourtant elle ne verse pas une larme"
"и все же она не проливает ни слезинки"
"Pourquoi devrais-je pleurer ?" répondit Belle
«Почему я должна плакать?» — ответила красавица.
« pleurer serait très inutile »
«плакать было бы совершенно бесполезно»
« Mon père ne souffrira pas pour moi »
«мой отец не будет страдать за меня»

"le monstre acceptera une de ses filles"
«монстр примет одну из своих дочерей»
« Je m'offrirai à toute sa fureur »
«Я отдам себя на растерзание всей его ярости»
« Je suis très heureux, car ma mort sauvera la vie de mon père »
«Я очень счастлив, потому что моя смерть спасет жизнь моему отцу»
"ma mort sera une preuve de mon amour"
«моя смерть будет доказательством моей любви»
« Non, ma sœur », dirent ses trois frères
«Нет, сестра», — сказали ее три брата.
"cela ne sera pas"
"этого не будет"
"nous allons chercher le monstre"
«Мы пойдем искать монстра»
"et soit on le tue..."
«И либо мы его убьем...»
« ... ou nous périrons dans cette tentative »
«...или мы погибнем в попытке»
« N'imaginez rien de tel, mes fils », dit le marchand.
«Не воображайте ничего подобного, сыновья мои», — сказал купец.
"La puissance de la bête est si grande que je n'ai aucun espoir que tu puisses la vaincre"
«Сила зверя так велика, что у меня нет надежды, что ты сможешь его одолеть»
« Je suis charmé par l'offre aimable et généreuse de Belle »
«Я очарован добрым и щедрым предложением красоты»
"mais je ne peux pas accepter sa générosité"
«но я не могу принять ее щедрость»
« Je suis vieux et je n'ai plus beaucoup de temps à vivre »
«Я стар, и жить мне осталось недолго»
"Je ne peux donc perdre que quelques années"
«поэтому я могу потерять только несколько лет»
"un temps que je regrette pour vous, mes chers enfants"

"время, которого мне жаль для вас, мои дорогие дети"
« Mais père », dit Belle
«Но отец», сказала красавица
"tu n'iras pas au palais sans moi"
«Ты не пойдешь во дворец без меня»
"tu ne peux pas m'empêcher de te suivre"
«Ты не можешь помешать мне следовать за тобой»
rien ne pourrait convaincre Belle autrement
ничто не могло убедить красоту в противном случае
elle a insisté pour aller au beau palais
она настояла на том, чтобы пойти в прекрасный дворец
et ses sœurs étaient ravies de son insistance
и ее сестры были в восторге от ее настойчивости
Le marchand était inquiet à l'idée de perdre sa fille
Купец был обеспокоен мыслью о потере дочери.
il était tellement inquiet qu'il avait oublié le coffre rempli d'or
он был так обеспокоен, что забыл о сундуке, полном золота
la nuit, il se retirait pour se reposer et fermait la porte de sa chambre
ночью он удалился спать и закрыл дверь своей комнаты
puis, à sa grande surprise, il trouva le trésor à côté de son lit
затем, к своему великому удивлению, он нашел сокровище у своей кровати.
il était déterminé à ne rien dire à ses enfants
он был полон решимости не рассказывать своим детям
s'ils savaient, ils auraient voulu retourner en ville
если бы они знали, они бы захотели вернуться в город
et il était résolu à ne pas quitter la campagne
и он решил не покидать деревню
mais il confia le secret à Belle
но он доверил красоте свой секрет
elle l'informa que deux messieurs étaient venus
она сообщила ему, что пришли два джентльмена
et ils ont fait des propositions à ses sœurs

и они сделали предложения ее сестрам
elle a supplié son père de consentir à leur mariage
она умоляла отца дать согласие на их брак
et elle lui a demandé de leur donner une partie de sa fortune
и она попросила его отдать им часть своего состояния
elle leur avait déjà pardonné
она уже простила их
les méchantes créatures se frottaient les yeux avec des oignons
злые твари натирали глаза луком
pour forcer quelques larmes quand ils se sont séparés de leur sœur
чтобы заставить некоторых плакать, когда они расставались со своей сестрой
mais ses frères étaient vraiment inquiets
но ее братья действительно были обеспокоены
Belle était la seule à ne pas verser de larmes
Красавица была единственной, кто не пролил ни слезинки.
elle ne voulait pas augmenter leur malaise
она не хотела усиливать их беспокойство
le cheval a pris la route directe vers le palais
конь направился прямиком во дворец
et vers le soir ils virent le palais illuminé
и к вечеру они увидели освещенный дворец
le cheval est rentré à l'écurie
лошадь снова пошла в конюшню
et le bon homme et sa fille entrèrent dans la grande salle
и добрый человек и его дочь вошли в большой зал
ici ils ont trouvé une table magnifiquement dressée
Здесь они нашли великолепно сервированный стол.
le marchand n'avait pas d'appétit pour manger
у торговца не было аппетита
mais Belle s'efforçait de paraître joyeuse
но красота старалась казаться веселой
elle s'est assise à table et a aidé son père

она села за стол и помогла отцу
mais elle pensait aussi :
но она также подумала про себя:
"La bête veut sûrement m'engraisser avant de me manger"
«Зверь наверняка хочет меня откормить, прежде чем съесть»
"c'est pourquoi il offre autant de divertissement"
«Вот почему он обеспечивает такое обильное развлечение»
après avoir mangé, ils entendirent un grand bruit
после того как они поели, они услышали сильный шум
et le marchand fit ses adieux à son malheureux enfant, les larmes aux yeux
и купец простился со своим несчастным ребенком со слезами на глазах
parce qu'il savait que la bête allait venir
потому что он знал, что зверь приближается
Belle était terrifiée par sa forme horrible
красавица была в ужасе от его ужасного вида
mais elle a pris courage du mieux qu'elle a pu
но она набралась смелости, как могла
et le monstre lui a demandé si elle était venue volontairement
и чудовище спросило ее, пришла ли она добровольно
"Oui, je suis venue volontiers", dit-elle en tremblant
«Да, я пришла добровольно», — сказала она, дрожа
la bête répondit : « Tu es très bon »
зверь ответил: "Ты очень хорош".
"et je vous suis très reconnaissant, honnête homme"
"и я вам очень обязан; честный человек"
« Allez-y demain matin »
"иди своей дорогой завтра утром"
"mais ne pense plus jamais à revenir ici"
"но никогда не думай приходить сюда снова"
« Adieu Belle, adieu bête », répondit-il
«Прощай, красавица, прощай, чудовище», — ответил он.
et immédiatement le monstre s'est retiré

и тут же чудовище удалилось
« Oh, ma fille », dit le marchand
«О, дочка», сказал купец
et il embrassa sa fille une fois de plus
и он обнял свою дочь еще раз
« Je suis presque mort de peur »
«Я почти до смерти напуган»
"crois-moi, tu ferais mieux de rentrer"
«Поверь мне, тебе лучше вернуться»
"Laisse-moi rester ici, à ta place"
«позволь мне остаться здесь вместо тебя»
« Non, père », dit Belle d'un ton résolu.
«Нет, отец», — сказала красавица решительным тоном.
"tu partiras demain matin"
«Вы отправитесь завтра утром»
« Laissez-moi aux soins et à la protection de la Providence »
«предоставьте меня заботе и защите провидения»
néanmoins ils sont allés se coucher
тем не менее они пошли спать
ils pensaient qu'ils ne fermeraient pas les yeux de la nuit
они думали, что не сомкнут глаз всю ночь
mais juste au moment où ils se couchaient, ils s'endormirent
но как только они легли, они уснули
La belle rêva qu'une belle dame venait et lui disait :
Красавице приснилось, что пришла прекрасная дама и сказала ей:
« Je suis content, Belle, de ta bonne volonté »
«Я доволен, красавица, твоей доброй волей»
« Cette bonne action de votre part ne restera pas sans récompense »
«Этот ваш добрый поступок не останется без награды»
Belle s'est réveillée et a raconté son rêve à son père
Красавица проснулась и рассказала отцу свой сон.
le rêve l'a aidé à se réconforter un peu
сон помог ему немного успокоиться
mais il ne pouvait s'empêcher de pleurer amèrement en

partant
но он не мог не горько плакать, когда уходил
Dès qu'il fut parti, Belle s'assit dans la grande salle et pleura aussi
как только он ушел, красавица села в большом зале и тоже заплакала
mais elle résolut de ne pas s'inquiéter
но она решила не беспокоиться
elle a décidé d'être forte pour le peu de temps qui lui restait à vivre
она решила быть сильной в то короткое время, что ей осталось жить
parce qu'elle croyait fermement que la bête la mangerait
потому что она твердо верила, что зверь ее съест
Cependant, elle pensait qu'elle pourrait aussi bien explorer le palais
Однако она подумала, что могла бы также осмотреть дворец
et elle voulait voir le beau château
и она хотела осмотреть прекрасный замок
un château qu'elle ne pouvait s'empêcher d'admirer
замок, которым она не могла не восхищаться
c'était un palais délicieusement agréable
это был восхитительно приятный дворец
et elle fut extrêmement surprise de voir une porte
и она была крайне удивлена, увидев дверь
et sur la porte il était écrit que c'était sa chambre
а над дверью было написано, что это ее комната
elle a ouvert la porte à la hâte
она поспешно открыла дверь
et elle était tout à fait éblouie par la magnificence de la pièce
и она была совершенно ослеплена великолепием комнаты
ce qui a principalement retenu son attention était une grande bibliothèque
что больше всего привлекло ее внимание, так это большая библиотека

un clavecin et plusieurs livres de musique
клавесин и несколько нотных тетрадей
« Eh bien, » se dit-elle
«Ну», — сказала она себе,
« Je vois que la bête ne laissera pas mon temps peser sur moi »
«Я вижу, что зверь не позволит моему времени тянуться».
puis elle réfléchit à sa situation
затем она задумалась о своей ситуации
« Si je devais rester un jour, tout cela ne serait pas là »
«Если бы мне суждено было остаться на день, всего этого здесь не было бы»
cette considération lui inspira un courage nouveau
это соображение вселило в нее новую смелость
et elle a pris un livre de sa nouvelle bibliothèque
и она взяла книгу из своей новой библиотеки
et elle lut ces mots en lettres d'or :
и она прочла эти слова золотыми буквами:
« Accueillez Belle, bannissez la peur »
«Приветствуй красоту, прогони страх»
« Vous êtes reine et maîtresse ici »
«Ты здесь королева и хозяйка»
« Exprimez vos souhaits, exprimez votre volonté »
«Выскажи свои желания, выскажи свою волю»
« L'obéissance rapide répond ici à vos souhaits »
«Быстрое послушание здесь отвечает вашим желаниям»
« Hélas, dit-elle avec un soupir
«Увы», — сказала она со вздохом.
« Ce que je souhaite par-dessus tout, c'est revoir mon pauvre père. »
«Больше всего я хочу увидеть моего бедного отца»
"et j'aimerais savoir ce qu'il fait"
"и я хотел бы знать, что он делает"
Dès qu'elle eut dit cela, elle remarqua le miroir
Как только она это сказала, она заметила зеркало.
à sa grande surprise, elle vit sa propre maison dans le miroir

к своему великому изумлению она увидела в зеркале свой собственный дом
son père est arrivé émotionnellement épuisé
ее отец приехал эмоционально истощенным
ses sœurs sont allées à sa rencontre
ее сестры пошли ему навстречу
malgré leurs tentatives de paraître tristes, leur joie était visible
несмотря на их попытки казаться грустными, их радость была видна
un instant plus tard, tout a disparu
через мгновение все исчезло
et les appréhensions de Belle ont également disparu
и опасения красоты тоже исчезли
car elle savait qu'elle pouvait faire confiance à la bête
потому что она знала, что может доверять зверю.
À midi, elle trouva le dîner prêt
В полдень она обнаружила, что ужин готов.
elle s'est assise à la table
она села за стол
et elle a été divertie avec un concert de musique
и ее развлекали концертом музыки
même si elle ne pouvait voir personne
хотя она никого не видела
le soir, elle s'est à nouveau assise pour dîner
ночью она снова села ужинать
cette fois elle entendit le bruit que faisait la bête
на этот раз она услышала звук, который издал зверь.
et elle ne pouvait s'empêcher d'être terrifiée
и она не могла не ужаснуться
"Belle", dit le monstre
"красота", сказал монстр
"est-ce que tu me permets de manger avec toi ?"
«Вы позволяете мне есть с вами?»
« Fais comme tu veux », répondit Belle en tremblant
«Делай, как хочешь», — дрожа, ответила красавица.

"Non", répondit la bête
«Нет», — ответил зверь.
"tu es seule la maîtresse ici"
"Ты здесь единственная хозяйка"
"tu peux me renvoyer si je suis gênant"
«Вы можете отправить меня прочь, если я доставляю вам неприятности»
« renvoyez-moi et je me retirerai immédiatement »
«отправьте меня, и я немедленно уйду»
« Mais dis-moi, ne me trouves-tu pas très laide ? »
«Но скажите, вы не считаете меня очень уродливым?»
"C'est vrai", dit Belle
«Это правда», — сказала красавица.
« Je ne peux pas mentir »
«Я не могу лгать»
"mais je crois que tu es de très bonne nature"
"но я считаю, что вы очень добродушны"
« Je le suis en effet », dit le monstre
«Я действительно», сказал монстр.
« Mais à part ma laideur, je n'ai pas non plus de bon sens »
«Но кроме моего уродства, у меня еще и нет никакого смысла»
« Je sais très bien que je suis une créature stupide »
«Я прекрасно знаю, что я глупое существо»
« Ce n'est pas un signe de folie de penser ainsi », répondit Belle.
«Это не признак глупости — так думать», — ответила красавица.
« Mange donc, belle », dit le monstre
«Тогда ешь, красавица», — сказало чудовище.
« essaie de t'amuser dans ton palais »
«попробуй развлечься в своем дворце»
"tout ici est à toi"
«все здесь твое»
"et je serais très mal à l'aise si tu n'étais pas heureux"
«И мне было бы очень не по себе, если бы ты не был

счастлив»
« Vous êtes très obligeant », répondit Belle
«Вы очень любезны», — ответила красавица.
« J'avoue que je suis heureux de votre gentillesse »
«Признаюсь, я доволен твоей добротой»
« et quand je considère votre gentillesse, je remarque à peine vos difformités »
«И когда я думаю о твоей доброте, я едва замечаю твои уродства»
« Oui, oui, dit la bête, mon cœur est bon.
«Да, да», — сказал зверь, — «моё сердце доброе».
"mais même si je suis bon, je suis toujours un monstre"
«но хотя я и хороший, я все равно монстр»
« Il y a beaucoup d'hommes qui méritent ce nom plus que toi »
«Есть много мужчин, которые заслуживают этого имени больше, чем ты»
"et je te préfère tel que tu es"
"и я предпочитаю тебя таким, какой ты есть"
"et je te préfère à ceux qui cachent un cœur ingrat"
«И я предпочитаю тебя больше, чем тех, кто скрывает неблагодарное сердце»
"Si seulement j'avais un peu de bon sens", répondit la bête
«Если бы у меня был хоть какой-то смысл», — ответил зверь.
"Si j'avais du bon sens, je vous ferais un beau compliment pour vous remercier"
«Если бы у меня был смысл, я бы сделал вам прекрасный комплимент, чтобы поблагодарить»
"mais je suis si ennuyeux"
"но я такой скучный"
« Je peux seulement dire que je vous suis très reconnaissant »
«Я могу только сказать, что я вам очень обязан»
Belle a mangé un copieux souper
красавица съела сытный ужин

et elle avait presque vaincu sa peur du monstre
и она почти победила свой страх перед чудовищем
mais elle a voulu s'évanouir lorsque la bête lui a posé la question suivante
но она хотела упасть в обморок, когда зверь задал ей следующий вопрос
"Belle, veux-tu être ma femme ?"
«Красавица, ты будешь моей женой?»
elle a mis du temps avant de pouvoir répondre
ей потребовалось некоторое время, прежде чем она смогла ответить
parce qu'elle avait peur de le mettre en colère
потому что она боялась его разозлить
Mais finalement elle dit "non, bête"
Но в конце концов она сказала: «Нет, зверь».
immédiatement le pauvre monstre siffla très effroyablement
тут же бедное чудовище зашипело очень страшно
et tout le palais résonna
и весь дворец разнесся эхом
mais Belle se remit bientôt de sa frayeur
но красавица вскоре оправилась от испуга
parce que la bête parla encore d'une voix lugubre
потому что зверь снова заговорил скорбным голосом
"Alors adieu, Belle"
"тогда прощай, красавица"
et il ne se retournait que de temps en temps
и он только время от времени оборачивался назад
de la regarder alors qu'il sortait
смотреть на нее, когда он вышел
maintenant Belle était à nouveau seule
теперь красавица снова осталась одна
elle ressentait beaucoup de compassion
она чувствовала большое сострадание
"Hélas, c'est mille fois dommage"
«Увы, как жаль»
"tout ce qui est si bon ne devrait pas être si laid"

«все столь добродушное не должно быть столь уродливым»
Belle a passé trois mois très heureuse dans le palais
Красавица провела три месяца очень счастливо во дворце
chaque soir la bête lui rendait visite
каждый вечер зверь наносил ей визит
et ils ont parlé pendant le dîner
и они разговаривали во время ужина
ils ont parlé avec bon sens
они говорили со здравым смыслом
mais ils ne parlaient pas avec ce que les gens appellent de l'esprit
но они не говорили с тем, что люди называют остроумием
Belle a toujours découvert un caractère précieux dans la bête
Красавица всегда находила в звере какую-то ценную черту
et elle s'était habituée à sa difformité
и она привыкла к его уродству
elle ne redoutait plus le moment de sa visite
она больше не боялась его визита
maintenant elle regardait souvent sa montre
теперь она часто смотрела на часы
et elle ne pouvait pas attendre qu'il soit neuf heures
и она не могла дождаться, когда наступит девять часов.
car la bête ne manquait jamais de venir à cette heure-là
потому что зверь никогда не пропускал прихода в этот час
il n'y avait qu'une seule chose qui concernait Belle
было только одно, что касалось красоты
chaque soir avant d'aller au lit, la bête lui posait la même question
Каждый вечер перед сном зверь задавал ей один и тот же вопрос:
le monstre lui a demandé si elle voulait être sa femme
монстр спросил ее, станет ли она его женой
un jour elle lui dit : "bête, tu me mets très mal à l'aise"
Однажды она сказала ему: «Зверь, ты заставляешь меня чувствовать себя очень неуютно».

« J'aimerais pouvoir consentir à t'épouser »
«Я бы хотел согласиться выйти за тебя замуж»
"mais je suis trop sincère pour te faire croire que je t'épouserais"
«но я слишком искренен, чтобы заставить тебя поверить, что я выйду за тебя замуж»
"Notre mariage n'aura jamais lieu"
«наш брак никогда не состоится»
« Je te verrai toujours comme un ami »
«Я всегда буду видеть в тебе друга»
"S'il vous plaît, essayez d'être satisfait de cela"
«пожалуйста, постарайтесь удовлетвориться этим»
« Je dois me contenter de cela », dit la bête
«Я должен быть удовлетворен этим», — сказал зверь.
« Je connais mon propre malheur »
«Я знаю свое собственное несчастье»
"mais je t'aime avec la plus tendre affection"
"но я люблю тебя с самой нежной привязанностью"
« Cependant, je devrais me considérer comme heureux »
«Однако я должен считать себя счастливым»
"et je serais heureux que tu restes ici"
"и я должен быть счастлив, что ты останешься здесь"
"promets-moi de ne jamais me quitter"
«обещай мне никогда не покидать меня»
Belle rougit à ces mots
Красавица покраснела при этих словах
Un jour, Belle se regardait dans son miroir
Однажды красавица посмотрела в зеркало
son père s'était inquiété à mort pour elle
ее отец очень беспокоился за нее
elle avait plus que jamais envie de le revoir
она жаждала увидеть его снова больше, чем когда-либо
« Je pourrais te promettre de ne jamais te quitter complètement »
«Я могу пообещать, что никогда не покину тебя окончательно»

"mais j'ai tellement envie de voir mon père"
«но у меня такое огромное желание увидеть отца»
« Je serais terriblement contrarié si tu disais non »
«Я буду невероятно расстроен, если ты скажешь «нет»»
« Je préfère mourir moi-même », dit le monstre
«Я бы лучше сам умер», — сказал монстр.
« Je préférerais mourir plutôt que de te mettre mal à l'aise »
«Я лучше умру, чем заставлю тебя чувствовать беспокойство»
« Je t'enverrai vers ton père »
«Я пошлю тебя к твоему отцу»
"tu resteras avec lui"
«ты останешься с ним»
"et cette malheureuse bête mourra de chagrin à la place"
"а это несчастное животное вместо этого умрет от горя"
« Non », dit Belle en pleurant
«Нет», — сказала красавица, плача.
"Je t'aime trop pour être la cause de ta mort"
«Я люблю тебя слишком сильно, чтобы стать причиной твоей смерти»
"Je te promets de revenir dans une semaine"
«Я обещаю вернуться через неделю»
« Tu m'as montré que mes sœurs sont mariées »
«Ты показал мне, что мои сестры замужем»
« et mes frères sont partis à l'armée »
«и мои братья ушли в армию»
« laisse-moi rester une semaine avec mon père, car il est seul »
«Позвольте мне побыть неделю с отцом, так как он один»
« Tu seras là demain matin », dit la bête
«Ты будешь там завтра утром», — сказал зверь.
"mais souviens-toi de ta promesse"
"но помни свое обещание"
« Il vous suffit de poser votre bague sur une table avant d'aller vous coucher »
«Вам нужно просто положить кольцо на стол перед тем,

как лечь спать»
"et alors tu seras ramené avant le matin"
«и тогда ты будешь возвращен до наступления утра»
« Adieu chère Belle », soupira la bête
«Прощай, дорогая красавица», — вздохнуло чудовище.
Belle s'est couchée très triste cette nuit-là
Красавица легла спать очень грустной той ночью
parce qu'elle ne voulait pas voir la bête si inquiète
потому что она не хотела видеть зверя таким обеспокоенным
le lendemain matin, elle se retrouva chez son père
на следующее утро она оказалась в доме своего отца
elle a sonné une petite cloche à côté de son lit
она позвонила в маленький колокольчик у своей кровати
et la servante poussa un grand cri
и служанка громко вскрикнула
et son père a couru à l'étage
и ее отец побежал наверх
il pensait qu'il allait mourir de joie
он думал, что умрет от радости
il l'a tenue dans ses bras pendant un quart d'heure
он держал ее в своих объятиях четверть часа
Finalement, les premières salutations étaient terminées
в конце концов первые приветствия закончились
Belle a commencé à penser à sortir du lit
красавица начала думать о том, чтобы встать с постели
mais elle s'est rendu compte qu'elle n'avait apporté aucun vêtement
но она поняла, что не взяла с собой никакой одежды
mais la servante lui a dit qu'elle avait trouvé une boîte
но служанка сказала ей, что она нашла коробку
le grand coffre était plein de robes et de robes
большой багажник был полон платьев и платьев
chaque robe était couverte d'or et de diamants
каждое платье было покрыто золотом и бриллиантами
La Belle a remercié la Bête pour ses bons soins

Красавица поблагодарила чудовище за его добрую заботу
et elle a pris l'une des robes les plus simples
и она взяла одно из самых простых платьев
elle avait l'intention de donner les autres robes à ses sœurs
она намеревалась отдать остальные платья своим сестрам
mais à cette pensée le coffre de vêtements disparut
но при этой мысли сундук с одеждой исчез
la bête avait insisté sur le fait que les vêtements étaient pour elle seulement
зверь настоял на том, что одежда предназначалась только ей
son père lui a dit que c'était le cas
ее отец сказал ей, что это так
et aussitôt le coffre de vêtements est revenu
и тут же сундук с одеждой вернулся обратно
Belle s'est habillée avec ses nouveaux vêtements
красавица оделась в свою новую одежду
et pendant ce temps les servantes allèrent chercher ses sœurs
а тем временем служанки отправились на поиски ее сестер
ses deux sœurs étaient avec leurs maris
обе ее сестры были со своими мужьями
mais ses deux sœurs étaient très malheureuses
но обе ее сестры были очень несчастны
sa sœur aînée avait épousé un très beau gentleman
ее старшая сестра вышла замуж за очень красивого джентльмена
mais il était tellement amoureux de lui-même qu'il négligeait sa femme
но он был так привязан к себе, что пренебрегал своей женой
sa deuxième sœur avait épousé un homme spirituel
ее вторая сестра вышла замуж за остроумного человека
mais il a utilisé son esprit pour tourmenter les gens
но он использовал свое остроумие, чтобы мучить людей
et il tourmentait surtout sa femme
и больше всего он мучил свою жену

Les sœurs de Belle l'ont vue habillée comme une princesse
сестры красавицы увидели ее одетой как принцесса
et ils furent écœurés d'envie
и они были больны завистью
maintenant elle était plus belle que jamais
теперь она была красивее, чем когда-либо
son comportement affectueux n'a pas pu étouffer leur jalousie
ее ласковое поведение не могло заглушить их ревность
elle leur a dit combien elle était heureuse avec la bête
она рассказала им, как она счастлива со зверем
et leur jalousie était prête à éclater
и их ревность была готова взорваться
Ils descendirent dans le jardin pour pleurer leur malheur
Они спустились в сад, чтобы оплакать свое несчастье.
« En quoi cette petite créature est-elle meilleure que nous ? »
«Чем это маленькое существо лучше нас?»
« Pourquoi devrait-elle être tellement plus heureuse ? »
«Почему она должна быть намного счастливее?»
« Sœur », dit la sœur aînée
«Сестра», — сказала старшая сестра.
"une pensée vient de me traverser l'esprit"
"мне только что пришла в голову мысль"
« Essayons de la garder ici plus d'une semaine »
«Давайте попробуем удержать ее здесь больше недели»
"Peut-être que cela fera enrager ce monstre idiot"
«возможно, это разозлит глупого монстра»
« parce qu'elle aurait manqué à sa parole »
«потому что она бы нарушила свое слово»
"et alors il pourrait la dévorer"
"и тогда он может ее поглотить"
"C'est une excellente idée", répondit l'autre sœur
«Это отличная идея», — ответила другая сестра.
« Nous devons lui montrer autant de gentillesse que possible »
«мы должны проявить к ней как можно больше доброты»

les sœurs en ont fait leur résolution
сестры приняли это решение
et ils se sont comportés très affectueusement envers leur sœur
и они вели себя очень ласково со своей сестрой
pauvre Belle pleurait de joie à cause de toute leur gentillesse
Бедная красавица плакала от радости от всей их доброты.
quand la semaine fut expirée, ils pleurèrent et s'arrachèrent les cheveux
когда неделя истекла, они плакали и рвали на себе волосы
ils semblaient si désolés de se séparer d'elle
им было так жаль расставаться с ней
et Belle a promis de rester une semaine de plus
и красота обещала остаться еще на неделю
Pendant ce temps, Belle ne pouvait s'empêcher de réfléchir sur elle-même
В то же время, красавица не могла не задуматься о себе
elle s'inquiétait de ce qu'elle faisait à la pauvre bête
она беспокоилась о том, что она делает с бедным животным
elle sait qu'elle l'aimait sincèrement
она знала, что искренне любила его
et elle avait vraiment envie de le revoir
и она очень хотела увидеть его снова
la dixième nuit qu'elle a passée chez son père aussi
десятую ночь она тоже провела у отца
elle a rêvé qu'elle était dans le jardin du palais
ей приснилось, что она в дворцовом саду
et elle rêva qu'elle voyait la bête étendue sur l'herbe
и ей приснилось, что она увидела зверя, распростертого на траве
il semblait lui faire des reproches d'une voix mourante
он, казалось, упрекал ее умирающим голосом
et il l'accusa d'ingratitude
и он обвинил ее в неблагодарности
Belle s'est réveillée de son sommeil

Красавица проснулась ото сна
et elle a fondu en larmes
и она разрыдалась
« Ne suis-je pas très méchant ? »
«Разве я не очень злой?»
« N'était-ce pas cruel de ma part d'agir si méchamment envers la bête ? »
«Разве не жестоко с моей стороны было так жестоко поступить со зверем?»
"**la bête a tout fait pour me faire plaisir**"
«Зверь сделал все, чтобы мне угодить»
« Est-ce sa faute s'il est si laid ? »
«Разве он виноват, что он такой уродливый?»
« Est-ce sa faute s'il a si peu d'esprit ? »
«Разве он виноват, что у него так мало ума?»
« Il est gentil et bon, et cela suffit »
«Он добрый и хороший, и этого достаточно»
« Pourquoi ai-je refusé de l'épouser ? »
«Почему я отказалась выйти за него замуж?»
« Je devrais être heureux avec le monstre »
«Я должен быть счастлив с монстром»
« regarde les maris de mes sœurs »
«Посмотрите на мужей моих сестер»
« Ni l'esprit, ni la beauté ne les rendent bons »
«ни остроумие, ни красота не делают их хорошими»
« aucun de leurs maris ne les rend heureuses »
«ни один из их мужей не делает их счастливыми»
« mais la vertu, la douceur de caractère et la patience »
«но добродетель, кротость нрава и терпение»
"**ces choses rendent une femme heureuse**"
«Эти вещи делают женщину счастливой»
"**et la bête a toutes ces qualités précieuses**"
«и у зверя есть все эти ценные качества»
"**c'est vrai, je ne ressens pas de tendresse et d'affection pour lui**"
«это правда; я не чувствую к нему нежности

привязанности»
"mais je trouve que j'éprouve la plus grande gratitude envers lui"
«но я чувствую к нему величайшую благодарность»
"et j'ai la plus haute estime pour lui"
«и я испытываю к нему глубочайшее уважение»
"et il est mon meilleur ami"
"и он мой лучший друг"
« Je ne le rendrai pas malheureux »
«Я не сделаю его несчастным»
« Si j'étais si ingrat, je ne me le pardonnerais jamais »
«Если бы я был таким неблагодарным, я бы себе этого никогда не простил».
Belle a posé sa bague sur la table
красавица положила кольцо на стол
et elle est retournée au lit
и она снова пошла спать
à peine était-elle au lit qu'elle s'endormit
едва она легла в постель, как тут же уснула
elle s'est réveillée à nouveau le lendemain matin
она снова проснулась на следующее утро
et elle était ravie de se retrouver dans le palais de la bête
и она была вне себя от радости, оказавшись во дворце зверя.
elle a mis une de ses plus belles robes pour lui faire plaisir
она надела одно из своих самых красивых платьев, чтобы порадовать его
et elle attendait patiemment le soir
и она терпеливо ждала вечера
enfin l' heure tant souhaitée est arrivée
настал желанный час
L'horloge a sonné neuf heures, mais aucune bête n'est apparue
часы пробили девять, но зверь не появился
La belle craignit alors d'avoir été la cause de sa mort
Красавица тогда испугалась, что она стала причиной его

смерти

elle a couru en pleurant dans tout le palais

она бегала, плача, по всему дворцу

après l'avoir cherché partout, elle se souvint de son rêve

после того, как она искала его везде, она вспомнила свой сон

et elle a couru vers le canal dans le jardin

и она побежала к каналу в саду

là elle a trouvé la pauvre bête étendue

там она нашла бедное животное, распростертое

et elle était sûre de l'avoir tué

и она была уверена, что убила его

elle se jeta sur lui sans aucune crainte

она бросилась к нему без всякого страха

son cœur battait encore

его сердце все еще билось

elle est allée chercher de l'eau au canal

она принесла немного воды из канала

et elle versa l'eau sur sa tête

и она вылила воду ему на голову

la bête ouvrit les yeux et parla à Belle

зверь открыл глаза и заговорил с красавицей

« Tu as oublié ta promesse »

«Ты забыл свое обещание»

« J'étais tellement navrée de t'avoir perdu »

«Я был так убит горем, потеряв тебя»

« J'ai décidé de me laisser mourir de faim »

«Я решил уморить себя голодом»

"**mais j'ai le bonheur de te revoir une fois de plus**"

«но я имею счастье увидеть тебя еще раз»

"**j'ai donc le plaisir de mourir satisfait**"

"поэтому я имею удовольствие умереть довольным"

« Non, chère bête », **dit Belle**, **« tu ne dois pas mourir »**

«Нет, милый зверь, — сказала красавица, — ты не должен умереть».

« Vis pour être mon mari »

«Жить, чтобы быть моим мужем»
"à partir de maintenant je te donne ma main"
«с этого момента я даю тебе свою руку»
"et je jure de n'être que le tien"
«И я клянусь быть только твоим»
« Hélas ! Je pensais n'avoir que de l'amitié pour toi »
«Увы! Я думал, у меня к тебе только дружба».
« mais la douleur que je ressens maintenant m'en convainc » ;
«но горе, которое я сейчас чувствую, убеждает меня»;
"Je ne peux pas vivre sans toi"
"Я не могу жить без тебя"
Belle avait à peine prononcé ces mots lorsqu'elle vit une lumière
Красавица едва успела произнести эти слова, как увидела свет
le palais scintillait de lumière
дворец сверкал светом
des feux d'artifice ont illuminé le ciel
фейерверк осветил небо
et l'air rempli de musique
и воздух наполнен музыкой
tout annonçait un grand événement
все предвещало какое-то великое событие
mais rien ne pouvait retenir son attention
но ничто не могло удержать ее внимание
elle s'est tournée vers sa chère bête
она повернулась к своему дорогому зверю
la bête pour laquelle elle tremblait de peur
зверь , перед которым она дрожала от страха
mais sa surprise fut grande face à ce qu'elle vit !
но ее удивление было велико, когда она увидела то, что она увидела!
la bête avait disparu
зверь исчез
Au lieu de cela, elle a vu le plus beau prince

вместо этого она увидела прекраснейшего принца
elle avait mis fin au sort
она положила конец заклинанию
un sort sous lequel il ressemblait à une bête
заклинание, под действием которого он напоминал зверя
ce prince était digne de toute son attention
этот принц был достоин всего ее внимания
mais elle ne pouvait s'empêcher de demander où était la bête
но она не могла не спросить, где зверь
« Vous le voyez à vos pieds », dit le prince
«Вы видите его у своих ног», — сказал принц.
« Une méchante fée m'avait condamné »
«Злая фея осудила меня»
« Je devais rester dans cette forme jusqu'à ce qu'une belle princesse accepte de m'épouser »
«Я должен был оставаться в этом облике до тех пор, пока прекрасная принцесса не согласится выйти за меня замуж».
"la fée a caché ma compréhension"
«фея спрятала мое понимание»
« tu étais le seul assez généreux pour être charmé par la bonté de mon caractère »
«Ты был единственным, кто был настолько великодушен, что тебя очаровала доброта моего характера»
Belle était agréablement surprise
красавица была приятно удивлена
et elle donna sa main au charmant prince
и она протянула руку прекрасному принцу
ils sont allés ensemble au château
они вместе пошли в замок
et Belle fut ravie de retrouver son père au château
и красавица была вне себя от радости, обнаружив своего отца в замке
et toute sa famille était là aussi
и вся ее семья тоже была там
même la belle dame qui lui était apparue dans son rêve était

là
даже прекрасная леди, которая явилась ей во сне, была там
"Belle", dit la dame du rêve
"красота", сказала дама из сна
« viens et reçois ta récompense »
«приди и получи свою награду»
« Vous avez préféré la vertu à l'esprit ou à l'apparence »
«Вы предпочли добродетель уму или внешности»
"et tu mérites quelqu'un chez qui ces qualités sont réunies"
«И ты заслуживаешь того, в ком эти качества объединены»
"tu vas être une grande reine"
«Ты будешь великой королевой»
« J'espère que le trône ne diminuera pas votre vertu »
«Надеюсь, трон не умалит твоей добродетели»
puis la fée se tourna vers les deux sœurs
затем фея повернулась к двум сестрам
« J'ai vu à l'intérieur de vos cœurs »
«Я видел, что внутри ваших сердец»
"et je connais toute la méchanceté que contiennent vos cœurs"
«И я знаю всю злобу, что таится в ваших сердцах»
« Vous deux deviendrez des statues »
«Вы двое станете статуями»
"mais vous garderez votre esprit"
"но вы сохраните свой разум"
« Tu te tiendras aux portes du palais de ta sœur »
«Ты будешь стоять у ворот дворца твоей сестры»
"Le bonheur de ta sœur sera ta punition"
«Счастье твоей сестры будет твоим наказанием»
« vous ne pourrez pas revenir à vos anciens états »
«Вы не сможете вернуться в свои прежние состояния»
« à moins que vous n'admettiez tous les deux vos fautes »
«если только вы оба не признаете свои ошибки»
"mais je prévois que vous resterez toujours des statues"
"но я предвижу, что вы навсегда останетесь статуями"

« L'orgueil, la colère, la gourmandise et l'oisiveté sont parfois vaincus »
«гордыня, гнев, чревоугодие и праздность иногда побеждаются»
" mais la conversion des esprits envieux et malveillants sont des miracles "
« но обращение завистливых и злобных умов — это чудеса»
immédiatement la fée donna un coup de baguette
тут же фея взмахнула палочкой
et en un instant tous ceux qui étaient dans la salle furent transportés
и в один миг все, кто был в зале, перенеслись
ils étaient entrés dans les domaines du prince
они отправились во владения принца
les sujets du prince l'ont reçu avec joie
подданные принца приняли его с радостью
le prêtre a épousé Belle et la bête
священник женился на красавице и чудовище
et il a vécu avec elle de nombreuses années
и он прожил с ней много лет
et leur bonheur était complet
и их счастье было полным
parce que leur bonheur était fondé sur la vertu
потому что их счастье было основано на добродетели

La fin
Конец

www.ingramcontent.com/pod-product-compliance
Lightning Source LLC
Chambersburg PA
CBHW011554070526
44585CB00023B/2592